Ainsi

Lili f
comma

Dominique de Saint Mars

Serge Bloch

j'ai failli
attendre...!

©ALLIGRAM

CHRISTIAN GALLIMARD

Série dirigée par Dominique de Saint Mars

© Calligram 2009
Tous droits réservés pour tous pays
Imprimé en Italie
ISBN : 978-2-88480-513-1

5

6

7

9

10

11

Elle m'a traitée de grosse! Elle est trop méchante, Lili! Je la déteste!

Mais non... elle a pas dit ça... Elle est pas méchante! Elle va pas bien en ce moment, peut-être qu'elle a des problèmes...

Bouh... bouh... c'est pas une raison!

SMACK!

19

Tiens, et merci pour la chambre !

T'as de la chance d'avoir un frère comme moi !

Avec nos parents qui vont peut-être divorcer, c'est toi qui as de la chance d'avoir une sœur responsable...

Marlène, Clara n'est plus notre copine !

Qu'est-ce qu'elle NOUS a fait, Clara ?

Elle copine avec Valentine ! ON joue plus avec elle !

23

24

25

* Retrouve cette scène dans Max n'en fait qu'à sa tête.

27

31

33

35

38

Et toi...

Est-ce qu'il t'est arrivé la même histoire qu'à Lili ?
Réponds aux deux questionnaires...

On t'obéit ou on te fuit? à la maison ou à l'école?
Ça te rend heureux? ou malheureux?

Tu trouves que tu as les meilleures idées? ou tu veux te
venger d'être trop commandé? ou remplacer tes parents?

Tu copies quelqu'un que tu aimes ou que tu admires,
ou tu es comme ça pour lui plaire?

Chez toi, on ne fait pas attention à toi, on te critique,
on en préfère d'autres? Commander, ça te fait exister?

Tu commandes en douceur? ou tu es tyrannique, agressif?
Tu t'en fiches de ce que les autres ressentent?

Si on te demande une chose, tu crois qu'on te donne un
ordre et tu dis non? Tu as peur de passer pour un faible?

Tu as l'habitude d'obéir? ou tu trouves que les autres
ont de bonnes idées et des choses à t'apprendre?

Ou tu es timide? Tu n'oses pas parler,
tu as peur de te tromper, de prendre des responsabilités?

Tu ne veux pas faire de peine en obligeant les autres
à faire ce que tu veux? Chacun a son mot à dire?

42

Quand tu veux quelque chose, tu es diplomate, tu négocies, tu fais des concessions? Tu n'insistes pas trop?

Tu souffres parfois qu'on te commande? à l'école? à la maison? On t'empêche de donner ton avis?

Tu te défoules avec ton imagination, tu donnes des ordres aux jouets, en jouant à la guerre, à la maîtresse?

**Après avoir réfléchi
à ces questions
sur l'envie de commander,
tu peux en parler
avec tes parents ou tes amis.**

Dans la même collection

Application Max et Lili disponible sur

App Store

▶ Google play

www.editionscalligram.ch

 Suivez notre actualité sur Facebook
https://www.facebook.com/MaxEtLili